Université de France.

# ACADÉMIE DE STRASBOURG.

# ACTE PUBLIC

## POUR OBTENIR LE GRADE DE LICENCIÉ EN DROIT,

PRÉSENTÉ ET SOUTENU PUBLIQUEMENT

## A LA FACULTÉ DE DROIT DE STRASBOURG,

*Le lundi 30 juillet 1838, à midi,*

PAR

# J. N. S. GANIER,

BACHELIER EN DROIT,

DE SAINT-DIÉ (DÉPARTEMENT DES VOSGES).

STRASBOURG,
IMPRIMERIE DE G. SILBERMANN, PLACE SAINT-THOMAS, 5.
1838.

# A MON PÈRE ET A MA MÈRE.

## A MON GRAND-PÈRE.

*Tribut d'amour et de reconnaissance.*

J. N. S. GANIER.

# FACULTÉ DE DROIT DE STRASBOURG.

M. RAUTER, Doyen.

Président, M. Heimburger.

Examinateurs. { MM. Heimburger. / Thiriet. / Aubry. / Briffault, Professeur suppléant. } Professeurs.

# DROIT CIVIL.

## DES SUCCESSIONS IRRÉGULIÈRES.

(Chap. IV, t. 1, liv. III, Code civil.)

### INTRODUCTION.

De toutes les manières de transmettre et d'acquérir les biens, la plus importante est, sans contredit, la succession. Un simple coup d'œil synoptique sur le mode de succéder chez les différents peuples, aux diverses phases de leur existence suffirait pour démontrer notre proposition. Il existe une relation intime entre la constitution politique d'une nation et son système héréditaire; la France en fournit un remarquable exemple. Aussi l'histoire du Droit de succession est-il un des éléments les plus féconds, une des sources les plus précieuses de l'histoire sociale d'un peuple.

Mais ce n'est pas là l'objet de notre thèse: nous n'avons à nous occuper que des successions dites *irrégulières*, matière neuve, sans règles bien arrêtées, par conséquent difficile et sujette à controverses.

La succession (*sensu lato*) c'est la transmission de tout ou partie de l'hérédité, c'est-à-dire de tout ou partie des biens, des droits, charges, etc., d'une personne morte naturellement ou civilement.

1

Les successions sont déférées par la volonté de l'homme ou par la loi. Les premières sont *testamentaires* (art. 895, 967 du Code civil) ou *contractuelles* (art. 1082 du Code civil); les secondes dites légitimes ou *ab intestat*, sont *régulières* (art. 723 du Code civil) ou *irrégulières* (chap. IV, t. I, liv. III du Code civil).

Pour déterminer quelles successions doivent être classées dans cette dernière catégorie, il faut bien se rendre compte du sens que le législateur a attaché au mot *succession irrégulière*. Dans le Code, on ne trouve pas l'expression corrélative de *succession régulière;* mais on peut nommer ainsi celle dévolue aux héritiers que le Code appelle *légitimes* (art. 723, 724 du Code civil), c'est-à-dire aux parents *légitimes* du défunt.

Nous disons parents *légitimes,* parce que la parenté naturelle seule, pas plus que l'affinité, ne donnent le titre d'*héritier;* pour être héritier dans le sens juridique de ce mot, pour représenter la personne de celui qui est mort naturellement ou civilement, il faut lui être attaché ou par les liens d'une parenté naturelle et civile à la fois (art. 731), ou par ceux d'une parenté civile au moins (art. 350)[1]. Ni le parent purement naturel, ni l'allié, ne peuvent être héritiers; simples successeurs, ils ne recueillent que les biens sans continuer la personne du défunt; la loi leur refuse la saisine légale, cette éminente prérogative du titre d'héritier, de successeur *in universum jus :* aussi n'étant pas *saisis par le mort,* ils doivent se faire envoyer en possession par justice, ou, le cas échéant, demander délivrance à l'héritier régulier.

Ainsi, en résumé, il y a *succession irrégulière* quand la loi appelle à recueillir tout ou partie d'une hérédité celui qui n'est pas parent *légitime* du défunt. De ce point de vue, il faut classer parmi les successions irrégulières :

*En Droit romain (v. infra,* thèse de Droit romain);

---

[1] Il est clair que nous ne parlons pas d'un héritier testamentaire, il n'est question ici que de la succession *ab intestat.*

*En Droit français ancien* [1] *:*

1° *La succession réciproque des époux* admise dans tous les pays de Droit écrit et dans quelques-uns de Droit coutumier.

2° La *quarte* du conjoint pauvre.

3° La *cotte morte* ou succession du monastère au pécule délaissé par le religieux.

4° L'*échute* ou droit du seigneur de succéder à son sujet main-mortable.

5° La *confiscation,* c'est-à-dire le droit que s'était arrogé le fisc sur tous les biens d'un criminel condamné.

6° Le *droit d'aubaine* par lequel le roi s'adjugeait la succession de l'étranger mort en France sans y avoir été naturalisé.

7° Le *droit de bâtardise* en vertu duquel les biens délaissés par un bâtard mort *intestat* et sans héritier étaient dévolus au roi. Le seigneur haut-justicier les recueillait quand le bâtard était né, domicilié et décédé dans l'étendue de sa haute justice.

8° La *déshérence,* c'est-à-dire le droit du seigneur haut-justicier de succéder au Français décédé dans le cercle de sa haute justice, sans testament ni héritier.

*En Droit français nouveau :*

1° Les droits de l'enfant naturel sur les biens de ses père et mère décédés qui l'ont reconnu (art. 756, 757 du Code civil) [2];

---

[1] C'est à tort que M. Duranton (VI, n° 262) enseigne, qu'il n'y avait dans l'ancien Droit que trois sortes de successions irrégulières : celle *unde vir et uxor ;* le *Droit de déshérence*, et celui de *réversion* ou *retour légal.* Il y a ici, ce nous semble, double erreur : d'abord en ce que l'on comptait jadis jusqu'à huit espèces de successions irrégulières ; puis, parce qu'une succession étant irrégulière, comme nous l'avons dit, par cela seul que la loi la défère à celui qui n'est pas *parent légitime* du défunt, il est évident que l'on ne peut pas regarder comme tel le retour légal ou succession de l'*ascendant* donateur au *descendant* donataire (art. 747 du Code civil). Ici le lien de parenté *légitime* existant, c'est une succession régulière.

[2] On appelle *enfant naturel* (jadis bâtard) celui qui est né de deux célibataires (*ex soluto et soluta*), capables de s'épouser au moment de la conception.

1.

2° Ceux des père et mère sur la succession de leur enfant naturel reconnu et décédé sans postérité (art. 765).

3° Ceux des frères naturels ou de leurs descendants sur les biens de leur frère naturel décédé sans postérité, en cas de prédécès des père et mère de ce dernier (art. 766).

4° Ceux de l'époux non divorcé sur les biens de son conjoint décédé sans parents au degré successible (art. 767).

5° Ceux des hospices :

*a.* Sur les biens des enfants qui y ont été admis, sous quelque dénomination que ce soit, et qui y sont décédés avant leur sortie, leur émancipation ou leur majorité (art. 8, loi du 15-25 pluviôse an XIII).

*b.* Sur les effets mobiliers apportés par les malades qui y ont été traités gratuitement et y sont décédés (avis du conseil d'État, nov. 1809. Voyez, à ce sujet, Cour de cassation, 29 juin 1836, et 17 avril 1838). Nous ne ferons que mentionner cette succession irrégulière, qui rentre dans le Droit administratif.

6° Enfin, en cas de déshérence, ceux de l'État (art. 768).

Ces cinq espèces de successions irrégulières formeront la matière d'autant de chapitres. Dans le chapitre VI et dernier nous parlerons de l'envoi en possession des successeurs irréguliers.

---

## CHAPITRE PREMIER.

### DES DROITS DES ENFANTS ILLÉGITIMES SUR LES BIENS DE LEURS PÈRE ET MÈRE.

**Section I.** *Des droits des enfants naturels reconnus.*

**Art. I.** *Historique de ces droits.*

Les droits successifs des enfants naturels nés hors mariage et non légitimés[1] étaient réglés par le Droit de Justinien de la manière suivante :

[1] Le Droit romain appelait ces enfants :

1° *Naturales,* quand ils étaient nés du concubinat autorisé chez les Romains,

A l'égard de la mère :

Le sénatus-consulte Orphitien, bouleversant le principe de la loi des XII tables, *agnatus proximus familiam habeto,* avait appelé à l'hérédité maternelle les enfants légitimes. Bien plus, partant de ce fait que *mater semper est certa,* le sénat avait appelé à cette hérédité les enfants même illégitimes (les *naturales* comme les *vulgo concepti*), (*Inst.,* § 3, *de S. C. Orph.,* fr. 15, § 2; *D. ad. S. C. Tertul.*), et leur avait accordé les mêmes droits qu'aux enfants légitimes, excepté lorsque la mère était d'une condition illustre (*Const.* 5. *C. ad. S. C. Orph.*).

Il n'en était pas ainsi à l'égard du père : les enfants procréés par lui hors mariage n'avaient droit à sa succession que lorsqu'ils étaient *naturales,* c'est-à-dire issus du concubinat. Alors et à la condition que le père ne laissât ni enfants ni épouse légitimes, ces enfants naturels recueillaient un sixième *(duas uncias.)* de la succession (Nov. 89, chap. 12). Mais les *spurii,* lors même que leur père aurait publiquement et authentiquement reconnu le fait de sa paternité à leur égard, ne pouvaient jamais rien prétendre aux biens délaissés par lui.

Dans notre ancien Droit français, la condition des bâtards devint plus dure encore; ils ne succédaient ni au père ni à la mère. « *Bâtards* « *ne succèdent point, ores qu'ils soient légitimes* », dit LOYSEL dans ses *Instit. cout.,* liv. 1, tit. 1, reg. 45, et il ajoute dans la règle 43 : « M. MAR-« TIN DOUBLÉ *tenait que bâtards ne pouvaient recevoir legs ni de père ni* « *de mère.* »

C'était trop rigoureux; la Convention tomba dans l'excès contraire.

pendant la période païenne, réprouvé par Constantin, et aboli par Léon (Novelle 91).

2° *Spurii*, quand ils étaient nés d'une fille ou veuve séduite.

3° *Vulgo concepti*, quand ils avaient reçu le jour d'une prostituée (*ex vulgivaga Venerenati*); plus tard on a confondu les *spurii* avec les *vulgo concepti* (Inst pr. de Ingen., § 12 *de nuptiis, fr.* 23. *D. de statu homi.*).

4° *Ex coitu damnato progeniti*, quand ils étaient le fruit de l'adultère ou de l'inceste (*Nov.* 89, *cap.* 15).

Perdant de vue les exigences de la morale, elle proposa, comme on l'a dit, une prime aux filles-mères; car, par un décret du 4-6 juin 1793, elle voulut que les enfants nés hors mariage succédassent à leurs père et mère, et, par le décret du 12-14 brumaire an II, elle accorda à ces enfants les mêmes droits de successibilité qu'aux enfants légitimes.

Le Code civil avait à choisir entre l'ancienne législation, trop sévère pour une faute dont la punition frappait en dernière analyse les enfants qui en étaient innocents, et la législation intermédiaire, qui, attaquant la famille, ébranlait la société.

Il prit le parti le plus moral; il sut allier les exigences de la nature avec la dignité dont il avait entouré le mariage à juste titre, et tout en refusant aux enfants naturels le titre *d'héritier*, c'est-à-dire l'honneur et l'avantage de continuer la personne de leurs père ou mère, il leur accorda sur les biens de ceux-ci, à la condition qu'ils auraient été reconnus par eux, une certaine quotité fixée d'après le nombre et la qualité des héritiers réguliers en concurrence avec eux.

### Art. II. *Quotité de ces droits.*

Les droits de l'enfant naturel sur les biens de ses père et mère décédés ont été réglés ainsi qu'il suit par l'art. 757 :

« Si le père ou la mère a laissé des descendants légitimes, ce droit est « d'un tiers de la portion héréditaire que l'enfant naturel aurait eue, « s'il eût été légitime; il est de la moitié lorsque les père ou mère ne « laissent pas de descendants, mais bien des ascendants ou des frères « ou sœurs; il est des trois quarts lorsque les père ou mère ne laissent « ni descendants, ni ascendants, ni frères, ni sœurs. »

Il est à remarquer :

1° Qu'il est de rigueur absolue que l'enfant naturel, pour pouvoir réclamer cette quotité, ait été déclaré tel par justice (comme dans le cas des art. 340 et 341) ou volontairement reconnu par celui de ses

père ou mère, aux biens desquels il prétend avoir droit. Cette reconnaissance doit être légalement faite (art. 334), c'est une condition impérieu-
sement exigée par l'art. 756 du Code civil, et que nous supposons rem-
plie dans tout ce que nous aurons à dire au sujet des enfants naturels.

2° Que l'enfant naturel reconnu ne peut rien réclamer au delà de
ce qui lui est accordé par l'art. 757 (art. 338 du Code civil), à tel point
qu'il est tenu d'imputer, ainsi que ses descendants, sur ce qu'il a droit
de prétendre, tout ce qu'il a reçu du père ou de la mère dont la succession est ouverte, et qui serait sujet à rapport (art. 760 du Code civil).

3° Que l'enfant naturel a le tiers, la moitié ou les trois quarts, non
pas de la portion d'un enfant légitime, mais le tiers, la moitié ou les
trois quarts de la *portion héréditaire qu'il aurait eue, s'il eût été légitime,*
ce qui est bien différent; les chiffres le prouvent:

Soient 50,000 fr. à partager entre deux enfants légitimes et un enfant naturel.

La portion d'un enfant légitime étant ici de la moitié ou de
25,000 fr., si l'enfant naturel prenait le tiers de cette portion, il re-
cevrait 8,333 fr. 33 c. Mais il ne lui revient que le tiers *de ce qu'il aurait eu, s'il eût été légitime;* or, s'il avait été légitime, il aurait eu
le tiers des 50,000 fr., c'est-à-dire 16,666 fr. 66 c.; c'est donc de
cette somme qu'il doit prendre le tiers, c'est-à-dire le neuvième de
l'hérédité; aussi recevra-t-il 5,555 fr. 55 c., au lieu de 8,333 fr. 33 c.

Cela posé, examinons les divers cas prévus par l'art. 757, dans lesquels l'enfant naturel est en concours avec des héritiers réguliers, et
fixons le mode d'évaluer le chiffre de ce qui lui est dû.

§ 1. *Concours de l'enfant naturel avec des descendants légitimes de ses père ou mère.*

En pareil cas, l'enfant naturel a, comme nous venons de le dire,
le tiers de la portion héréditaire qu'il aurait eue, s'il eût été lui-même
légitime.

.S'il n'y a qu'un enfant naturel en concours avec un ou plusieurs enfants légitimes, l'évaluation de ce qui revient au premier est facile; on les suppose tous légitimes; on calcule la portion de chacun dans cette hypothèse, et on attribue à l'enfant naturel le tiers d'une portion. Ainsi dans le cas de concours de deux enfants légitimes et d'un naturel, on les suppose légitimes tous trois; la portion de chacun est alors du tiers de l'hérédité, et l'enfant naturel prend le tiers du tiers ou le neuvième.

Relativement à ce calcul, pas de difficultés, tout le monde est d'accord.

Mais l'opération se complique, et la difficulté surgit quand plusieurs enfants naturels viennent en concours avec des enfants légitimes. Aucun mode d'évaluation ne satisfait complétement. Cependant, nous croyons devoir adopter le suivant comme le moins imparfait.

Il consiste à supposer légitimes tous les enfants naturels, à les ajouter fictivement aux légitimes, à faire alors autant de portions qu'il y a de têtes, et à adjuger à chaque enfant naturel le tiers d'une de ces portions (arrêt de cassation, 26 juin 1809; Dalloz, XII, p. 326).

Soit une hérédité de 50,000 fr. à partager entre six enfants naturels et un enfant légitime. En les supposant tous les sept légitimes, il reviendra à chacun un septième de l'hérédité ou 7,142 fr. 85 c.; chaque enfant naturel ne devant avoir que le tiers de ce qu'il aurait eu, s'il eût été légitime, prendra le tiers de ce septième ou le vingt et unième de toute la succession, c'est-à-dire 2,380 fr. 95 c. Les enfants naturels recevront ainsi à eux tous 14,285 fr. 70 c., et l'enfant légitime les 35,714 fr. 30 c. restants.

A la vérité, ce calcul n'est pas parfaitement équitable, parce que, dit-on, avec raison, la part de chacun doit être dans un partage plus forte en proportion de ce que tel copartageant a le droit de moins prendre; par conséquent la part d'un enfant naturel en concours avec un seul légitime et cinq naturels, devrait être plus forte que s'il concourait avec six enfants légitimes.

Cela est vrai; mais si en opérant ainsi, l'on favorise quelque peu l'enfant légitime, c'est se rapprocher d'autant plus de l'esprit de la loi; c'est du moins éviter les conséquences déraisonnables, auxquels on arrive par la manière suivante de calculer :

On a dit, il ne faut pas réputer les enfants naturels légitimes, mais calculer la part de chacun, comme s'il concourait avec l'enfant légitime et les enfants naturels. Ainsi, dans l'exemple précédent, un des six enfants naturels dira: si j'étais légitime, j'aurais comme mon frère légitime la moitié de l'hérédité, défalcation faite de ce qui reviendrait à mes cinq frères naturels. Or, chacun de mes frères naturels, prenant un vingt et unième de l'hérédité, c'est-à-dire 2,380 fr. 95 c., il reviendra aux cinq cinq vingt et unième ou 11,904 fr. 75 c. Il restera une somme de 38,095 fr. 25 c., dont j'aurais la moitié si j'étais légitime, c'est-à-dire 19,047 fr. 62 c.; mais n'étant que naturel, je n'ai droit qu'au tiers de cette moitié, il me revient par conséquent 6,349 fr. 20 c.

Qu'en arrivera-t-il? Chaque enfant naturel faisant le même raisonnement, demandera pour sa part, égale somme de 6,349 fr. 20 c., de sorte que les six enfants naturels prendront ensemble 38,095 fr. 20 c., c'est-à-dire beaucoup plus que la moitié de la succession, tandis que s'ils eussent été en concours avec des ascendants, par conséquent dans un cas beaucoup plus favorable pour eux, ils n'auraient jamais pu recevoir au delà de la moitié de la succession.

Le vice de ce mode d'évaluation est plus saillant encore dans le troisième cas prévu par l'art. 757. Supposons deux enfants naturels en concours avec des collatéraux, autres que les frères ou sœurs, et une hérédité de 50,000 fr. à partager. Un des enfants naturels dira: il me revient les trois quarts de ce que j'aurais, si j'étais légitime; légitime et en concours avec mon frère naturel, je ne serais tenu de lui délivrer que le sixième de l'hérédité, c'est-à-dire 8333 fr. 33 c.; il me resterait par conséquent 41,666 fr. 67 c. Mais étant moi-même naturel, et n'ayant droit qu'aux trois quarts de cette somme, il ne me revient que 31,249 fr. 98 c.

Viendrait l'autre enfant qui, faisant le même raisonnement, récla-

merait pareille somme de 31,249 fr. 98 c., c'est-à-dire à eux deux
62,499 fr. 96 c., dans une succession que nous avons supposée être
de 50,000 fr. C'est absurde.

Enfin on a proposé un troisième mode de calculer, mais aussi vicieux que le précédent. Il consiste à dire :

Puisqu'un enfant naturel a le *tiers de la portion d'un enfant légitime*, rien de plus simple que de compter trois enfants naturels pour
un légitime. Par conséquent s'il y a un enfant légitime et trois enfants
naturels, ceux-ci auront la moitié de la succession; s'ils sont à six, ils
en auront les deux tiers, et à neuf les trois quarts.

Ce calcul est doublement vicieux, d'abord en ce qu'il repose sur
cette erreur que l'enfant naturel a le tiers de la *portion d'un enfant
légitime*. Nous avons établi plus haut que l'enfant naturel a, ce qui
est bien différent, non pas le tiers de la portion d'un enfant légitime,
mais le tiers de la portion qu'il aurait eue, s'il eût été légitime.

Ensuite dans l'exemple proposé, voilà les enfants naturels qui, en
concours avec un enfant légitime, prennent les trois quarts de l'hérédité, tandis qu'en concours avec des ascendants, c'est-à-dire, dans
un cas beaucoup plus favorable pour eux, comme nous l'avons dit,
ils n'auraient jamais pu recevoir au delà de la moitié, en quelque
nombre qu'ils fussent.

Ainsi donc, en résumé, il n'y a qu'une manière raisonnable d'évaluer les droits de plusieurs enfants naturels en concours avec des enfants légitimes. C'est celle que nous avons admise ci-dessus. Elle s'ap-
puie du reste sur la jurisprudence du royaume et l'autorité de la
majorité des auteurs.

§ 2. *Concours de l'enfant naturel avec des ascendants ou des frères ou sœurs de ses père et mère.*

Dans ce cas, les droits de l'enfant naturel ou des enfants naturels,
s'il y en a plusieurs, sont, comme nous l'avons dit, invariablement

fixés à la moitié de la succession, peu importe qu'il n'y ait qu'un seul ascendant, qu'un seul frère ou sœur.

Mais il faut alors que ces ascendants ou ces frères ou sœurs se portent héritiers, c'est-à-dire qu'ils viennent effectivement partager la succession, car leur existence seule, si d'ailleurs ils renonçaient ou étaient déclarés indignes, ne suffirait pas pour restreindre à la moitié les droits des enfants naturels. En droit, quand il s'agit de succéder, celui qui renonce est censé ne pas être héritier (art. 785 du Code civil), par conséquent ne pas exister quant à l'objet en question, c'est-à-dire à l'hérédité.

Ainsi le fait seul de l'existence d'ascendants ou de frère ou sœur, tous indignes ou renonçants, ne fixerait pas à la moitié les droits de l'enfant naturel; ce dernier prendrait les trois quarts s'il existait des collatéraux, et la totalité à défaut de collatéraux.

On sait que toute succession échue à des ascendants ou à des collatéraux se divise en deux parts égales: l'une pour les parents de la ligne paternelle, l'autre pour les parents de la ligne maternelle (art. 733 du Code civil). Comment réglerait-on la part de l'enfant naturel s'il existait dans les deux lignes des parents de différents degrés, par exemple, un ascendant dans la ligne paternelle et des cousins dans la ligne maternelle? L'enfant naturel n'aurait-il que la moitié de la succession, ou bien prendrait-il la moitié de la portion affectée à la ligne paternelle et les trois quarts de celle affectée à l'autre ligne où il n'y a que des cousins, c'est-à-dire que des collatéraux autres que frère ou sœur?

Nous pensons que dans cette hypothèse l'enfant naturel ne doit jamais prendre au delà de la moitié de la succession; l'art. 757 a déterminé ainsi ses droits sans faire aucune distinction; l'autre moitié lui est tout à fait étrangère. Il est incontestable, comme nous l'avons dit, que l'enfant naturel n'aurait droit qu'à la moitié de la succession, quand bien même il n'y aurait pour tous parents légitimes qu'un seul ascendant ou qu'un seul frère ou sœur; il n'aurait droit qu'aux trois quarts s'il existait d'autres collatéraux, ne fût-ce qu'un seul; personne

2.

ne voudrait soutenir que l'enfant naturel profiterait de la dévolution qui se ferait d'une ligne à l'autre, faute de parents au degré successible dans la première. Dès lors comment concevoir que l'enfant naturel qui n'aurait rien pris dans la ligne maternelle si elle eût été sans parents au degré successible, y trouve des droits par cela seul qu'il y aura des cousins dans cette ligne? M. Favard a dit avec raison que l'existence ou la non-existence d'ascendants dans les deux lignes ne fait que régler et modifier les rapports entre les ascendants de ces mêmes lignes, rapports auxquels l'enfant naturel n'a aucun droit de se mêler. Ainsi, dans notre exemple, l'enfant naturel n'aura que la moitié de l'hérédité, les cousins un quart, et l'ascendant paternel, outre son quart, l'usufruit du tiers du quart dévolu aux cousins (art. 754 du Code civil).

§ 3. *Concours de l'enfant naturel avec des collatéraux autres que frères ou sœurs.*

Dans ce concours l'enfant naturel prend les trois quarts de l'hérédité. Mais quelle sera sa portion, s'il n'existe ni ascendants, ni frères, ni sœurs, mais bien des descendants de ceux-ci, c'est-à-dire des neveux? Ceux-ci sont-ils considérés comme des collatéraux autres que frères ou sœurs, et par conséquent l'enfant naturel aura-t-il les trois quarts de l'hérédité?

Plusieurs auteurs et la Cour de cassation (arrêts des 6 avril 1813, 20 février 1823 et 28 mars 1833; Dalloz, XIII, 1, 231; XXIII, 1, 130; XXXIII, 1, 167), refusant aux neveux le droit de représentation, les rangent parmi les collatéraux autres que frères ou sœurs, et accordent à l'enfant naturel les trois quarts de l'hérédité.

Nous pensons, au contraire, avec la majorité des jurisconsultes, qu'une saine interprétation de la loi sur les successions repousse et doit faire rejeter la doctrine de la Cour de cassation.

En effet, pourquoi priverait-on ici les neveux du droit de représentation établi en principe à leur profit par l'art. 742? Parce que, a t-on dit, ce principe, posé en matière de succession régulière, ne peut pas être invoqué quand il s'agit d'une succession irrégulière.

La succession est irrégulière, c'est vrai, mais quant à ce qui concerne l'enfant naturel seul, celle des neveux est au contraire parfaitement régulière; cette objection est donc sans valeur.

On a dit aussi que l'art. 757 ne faisant pas mention des descendants des frères ou sœurs, c'est une preuve que le législateur a jugé à propos de leur refuser ici le bénéfice de la représentation.

Mais pourquoi le législateur aurait-il répété ce qu'il avait dit une fois pour toutes dans l'art. 742? Est-ce à dire qu'il ne doit y avoir lieu à la représentation que dans les cas où le Code l'a spécialement mentionnée? Qui voudrait alors rejeter ce droit de représentation dans les art. 752, 767 et 1082, où cependant il n'en est fait aucune mention?

Enfin, n'est-ce pas, de la part de la Cour de cassation, prêter au législateur des vues inconséquentes? Ne serait-il pas absurde, dit avec raison M. Malleville, de supposer que la loi eût voulu refuser aux descendants de frères ou sœurs ce qu'elle accorde à des ascendants, que ces descendants excluent dans les autres successions (art. 750)? Nous croyons que la Cour de cassation reviendra sur une jurisprudence qui ne nous semble pas reposer sur les vrais principes.

### § 4. *L'enfant naturel seul.*

Enfin, quand il n'y a ni ascendants, ni frères ou sœurs, ni descendants d'eux, ni collatéraux, en un mot, à défaut de parents légitimes au douzième degré, l'enfant naturel a droit à la totalité des biens délaissés par ses père ou mère (art. 758).

Nous disons *à défaut*, ce qui signifie, comme plus haut, non-seulement en cas *de non-existence*, mais encore en cas *de renonciation* ou *d'exclusion*.

**A<sub>RT</sub>. III.** *Nature et caractère de ces droits.*

Le droit que le Code confère à l'enfant naturel sur les biens de ses père ou mère qui l'ont reconnu, est-il réel *(jus in re)*, ou simplement personnel *(jus ad rem)*? en d'autres termes, l'enfant naturel peut-il revendiquer entre les mains des tiers-possesseurs les biens de l'hérédité aliénés, au détriment de ses droits, par l'héritier régulier en concours avec lui, ou bien ne peut-il demander le payement de ce qui lui est dû que personnellement à cet héritier?

On comprend de quelle importance est la solution de cette question. Si le droit de l'enfant naturel est réel, les biens héréditaires en seront le gage et en répondront, alors même que l'héritier régulier viendrait à les aliéner.

Au contraire, s'il est personnel, ce droit sera à la merci de l'héritier qui pourra le rendre illusoire par sa mauvaise foi ou son insolvabilité.

Nous pensons qu'il faut admettre sans hésitation que l'enfant naturel reconnu a sur les biens de ses père et mère, non-seulement un droit personnel, mais encore un droit réel[1], en vertu duquel il peut, sans s'arrêter aux aliénations faites par l'héritier régulier, poursuivre les biens de l'hérédité, et exercer ses droits sur eux en quelques mains qu'il les retrouve. Telle nous semble avoir été l'intention du législateur; elle résulte implicitement de ce que le conseil d'État, sur l'observation de Cambacérès, raya le mot *créance,* par lequel on avait qualifié, dans l'art. 54 du projet de la loi de la commission, le droit de l'enfant naturel sur les biens de ses père et mère. D'ailleurs l'art. 757 accorde à

---

[1] *Écrit sur la succession,* dit M. Duranton, VI, n° 269, on retrouve cette expression au tome XVI, n° 361, où ce jurisconsulte dit: que le droit du vendeur de demander la résolution de la vente pour défaut du payement du prix, est *écrit sur la chose.* M. Troplong (Vente, 11, n° 624) reproche avec raison à M. Duranton d'employer une locution aussi vicieuse.

l'enfant naturel une *quotité héréditaire ;* or, l'hérédité est un droit éminemment réel ; car, être héritier, c'est être propriétaire (*hœrus,* maître).
Aussi, de même que l'action par laquelle l'héritier réclame la succession (*pétition d'hérédité*) est essentiellement réelle, de même l'action
par laquelle l'enfant naturel demandera sa part, participera du caractère de la pétition d'hérédité, c'est-à-dire, sera réelle. Chez les Romains,
le *spurius* avait sur l'hérédité maternelle un droit réel ; car, en cas de
testament inofficieux de sa mère, il pouvait intenter la plainte d'inof-
ficiosité, action éminemment réelle, puisqu'elle n'était qu'une pétition d'hérédité spéciale (*ab intestat,* fr. 29, § 1, *D. de inoffi. test.*). Enfin une imposante majorité de jurisconsultes, et la jurisprudence des
cours considèrent unanimement ce droit comme un *jus in re.*

Une autre question, non moins importante, est celle de savoir si l'enfant naturel a sur les biens de ses père et mère, qui l'ont reconnu,
un droit de réserve, en d'autres termes, s'il pourrait demander jusqu'à concurrence d'une certaine quotité la réduction des dispositions
entre vifs ou testamentaires faites par ses père et mère ?

Deux opinions sont en présence sur cette grave question : l'une qui
refuse, l'autre qui accorde ce droit à l'enfant naturel.

La première est celle de Tarrible et de Chabot ; ce dernier l'a soute-
nue contre les vives attaques dont elle a été l'objet. Elle repose sur
plusieurs arguments dont le plus solide est le suivant :

L'art. 913 du Code civil n'accorde la réserve qu'à l'enfant légitime,
expressément ; étendre ce même droit à l'enfant naturel, ce serait faire
et non interpréter la loi.

Il est vrai que l'art. 913 ne consacre une réserve qu'au profit de
l'enfant légitime ; mais s'il n'en accorde pas expressément une à l'enfant naturel, toujours est-il qu'il ne la lui refuse pas expressément.

Reste donc à examiner si de l'ensemble, de l'esprit de la loi, il ne
résulte pas pour l'enfant naturel le droit à une réserve.

Du moment que la loi a appelé l'enfant naturel à la succession de
ses père et mère, elle a voulu lui assurer un avenir, lui donner des

droits qui n'eussent été qu'illusoires, s'il eût dépendu du caprice de ses père ou mère de l'en priver par donation ou par testament au profit d'étrangers. A la vérité, cette considération n'est pas d'une valeur décisive, car elle pourrait aussi bien s'appliquer à toute espèce d'héritiers, aux collatéraux, par exemple, auxquels cependant la loi refuse expressément le droit de réserve (art. 916 du Code civil). Mais une preuve que le législateur a eu pour les droits de l'enfant naturel plus de sollicitude que pour ceux, par exemple, des frères ou sœurs du défunt, une preuve qu'il n'a pas entendu laisser les droits du premier à la discrétion de ses père et mère, c'est l'art. 761 qui ne leur permet pas, même par une déclaration spéciale et expresse, de priver leur enfant naturel de la moitié des droits que lui attribue le Code.

Ceux qui, pour venir à l'appui de cette opinion, ont dit : pour avoir une réserve, il faut être héritier; or l'enfant naturel n'est pas héritier (art. 756 du Code civil), donc il ne peut avoir de réserve: ceux-là ont abusé d'un principe vrai du reste.

*Il faut être héritier,* cela veut dire, il faut prendre part à la succession, comme héritier, ou comme successeur, n'importe, pourvu que l'on s'y présente, c'est-à-dire qu'on ne soit ni exclu, ni renonçant. Or l'enfant naturel prend part à la succession, il recueille une quotité de portion héréditaire; son droit participe de la nature de celui de l'enfant légitime, ce qui le rend réel, ses père ou mère ne sont pas libres de l'en priver entièrement (art. 761), ce qui crée à son profit un droit de réserve.

Cette opinion, qui est la seconde des deux que nous avons annoncées, est la nôtre; elle est appuyée par la grande majorité des jurisconsultes et par la Cour de cassation (arrêts des 26 juin 1809, 27 avril 1830; Dalloz, XXX, 1, 226; 28 juin 1831; Dalloz, XXXI, 1, 217).

Sur l'existence même du droit de réserve il ne s'élève aucun doute, mais les opinions sont partagées quand il s'agit de préciser la valeur juridique et la portée de ce droit.

Les uns ont pensé que les droits de l'enfant naturel étaient fixés par les art. 757 et 758 de telle manière qu'il n'était loisible au père ou à la mère de les restreindre que par le mode de réduction énoncé dans l'art. 761.

Ainsi, à défaut de parents au degré successible, le père ou la mère ne pourrait disposer que de la moitié de leurs biens, de sorte que dans ce cas, la portion disponible ne serait pas plus considérable que s'ils délaissaient un enfant légitime; bien plus, ils seraient tenus de recourir au moyen de réduction de l'art. 761, de telle manière que la simple négligence de se conformer au prescrit de cet art. 761, ou l'oubli de déclarer expressément dans l'acte de donation leur intention de réduire l'enfant naturel à la moitié de ce qui lui est attribué par la loi, les mettraient dans l'impossibilité de disposer d'une obole, tandis qu'ils auraient toujours pu disposer de la moitié de leur avoir, si l'enfant eût été légitime.

Énoncer ce système, c'est le réfuter; il est trop diamétralement opposé à l'esprit de la loi, qui n'a jamais permis que l'enfant naturel fût traité plus favorablement que l'enfant légitime.

D'autres ont dit, que l'enfant naturel avait bien un droit de réserve sur les biens de ses père ou mère décédés, mais que ce droit de réserve impuissant contre les dispositions gratuites, faites par acte entre vifs, ne pouvait faire réduire que les testamentaires.

Cette opinion est purement arbitraire et sans point d'appui dans le Code. Le droit de réserve *est un;* du moment que la loi l'a créé au profit d'une personne, celle-ci peut l'exercer envers et contre toute disposition gratuite qui y porte atteinte, peu importe que cette disposition soit entre vifs ou testamentaire (art. 913). Ainsi nous dirons aux partisans de l'opinion que nous combattons : ou bien refusez à l'enfant naturel un droit de réserve, ou bien si vous lui en attribuez un, accordez-le lui avec ses conséquences juridiques, tel que l'a fait la loi, et non tel qu'il vous semble bon de le faire.

D'autres enfin, et nous nous rangeons à cet avis, reconnaissent à l'enfant naturel un droit de réserve sans restriction, c'est-à-dire, en gendrant ses effets légaux et entre autres celui de demander la réduction de toute espèce de disposition gratuite qui y porte atteinte, soit entre vifs, soit testamentaire.

Quelles règles doit-on suivre pour fixer la quotité de cette réserve?

Puisque les droits de l'enfant naturel varient en raison de la qualité des héritiers réguliers en concours avec lui, il est naturel que la quotité de la réserve varie également en raison de la même cause.

Pour poser les limites de ces variations, il ne faut pas perdre de vue (art. 913) :

1° Que le maximum de cette réserve ne doit jamais être supérieur aux trois quarts de la succession, puisque la portion disponible doit toujours être du quart, quel que soit le nombre des enfants légitimes.

2° Que la réserve de l'enfant légitime n'étant jamais de plus de la moitié des biens, celle de l'enfant naturel qui ne mérite pas plus de faveur, ne doit en aucun cas être plus forte.

Ainsi la réserve de l'enfant naturel, quand il y a des descendants légitimes, est du tiers de ce qu'elle eût été, s'il eût été légitime.

Soit une hérédité de 50,000 fr., un enfant légitime et un enfant naturel. La réserve de ce dernier, s'il eût été légitime, eût été d'un tiers (art. 913), c'est-à-dire de 16,666 fr. 66 c.; étant naturel il n'aura pour réserve que le tiers de ce tiers, c'est-à-dire 5,555 fr. 55 c.

Si nous supposons, dans l'exemple précédent, l'enfant naturel, en concours avec deux enfants légitimes, comme la réserve d'un enfant légitime ne serait dans ce cas que du quart (art. 913), c'est-à-dire de 12,500 fr., celle de l'enfant naturel n'étant que du tiers de celle de l'enfant légitime, ne sera que du tiers de ce quart, c'est-à--dire 4166 fr. 66 c.

Mais s'il y avait trois enfants légitimes ou un plus grand nombre, il ne faudrait plus opérer ainsi, parce que la distribution qui serait faite entre les enfants légitimes et le légataire, après le prélèvement de la part réservée à l'enfant naturel, entamerait la quotité disponible qui doit toujours être du quart (art. 913). Il faudrait alors prélever sur la totalité de l'hérédité la portion disponible, c'est-à-dire le quart (12,500 fr. sur les 50,000 fr.) ; il resterait ainsi 37,500 fr., que les enfants légitimes et l'enfant naturel se partageraient d'après le mode que nous avons indiqué au § 1er de l'art. 1er.

Si l'enfant naturel est en concours avec des ascendants ou des frères ou sœurs, l'opération est sans difficulté. Dans ce cas, si l'enfant naturel eût été légitime, il eût eu droit à une réserve de la moitié ; comme naturel, il n'a droit qu'à la moitié de la moitié, c'est-à-dire au quart.

Et enfin, lorsqu'il n'est en concours qu'avec des collatéraux autres que frères ou sœurs, la réserve est des trois quarts de la moitié de la succession, c'est-à-dire des trois huitièmes, parce que s'il eût été légitime, il aurait eu dans ce cas pour réserve la moitié de la succession ; naturel, il n'a droit qu'aux trois quarts de cette moitié.

Art. IV. *Transmission et réduction de ces droits.*

En cas de prédécès de l'enfant naturel[1], ses enfants ou descendants peuvent réclamer les droits fixés par les art. 757 et 758.

Si les enfants du prédécédé sont légitimes, il ne se présente aucune difficulté ; la successsion est à leur égard régulière et se partage suivant les règles ordinaires, par têtes ou par souches.

Mais si les enfants de l'enfant naturel prédécédé sont eux-mêmes naturels, la question s'élève de savoir s'ils peuvent aussi réclamer les droits conférés à leur père.

Nous pensons que devant l'art. 756 cette question n'en doit pas être une : la loi, dit-il, n'accorde à l'enfant naturel *aucun droit* sur les biens des parents de ses père ou mère. Cela nous semble exclusif de tout droit successif que le petit-fils naturel prétendrait exercer sur les biens

---

[1] Mais non en cas de renonciation ou d'indignité ; car ici c'est un droit de représentation , et l'on ne représente pas les personnes vivantes (art. 744).

3.

de son aïeul naturel. Il y aurait inconséquence de la part du Code à admettre l'enfant naturel à la succession des parents de son père naturel, car ce serait accorder au premier des biens dont il aurait été exclu, si son père prédécédé, au lieu d'être lui-même enfant naturel, eût été enfant légitime (art. **756**).

Examinons maintenant ce qui est relatif au mode de réduction des droits de l'enfant naturel.

Nous avons déjà fait mention de l'art. **761** qui lui interdit toute réclamation quand il a reçu du vivant de son père ou de sa mère la moitié de ce qui lui est attribué par la loi, avec déclaration expresse de la part du père ou de la mère que son intention est de réduire l'enfant naturel à la portion qui lui est assignée.

Ici deux questions sont à résoudre: la première, s'il est nécessaire que le père ou la mère donne effectivement cette moitié assignée, c'est-à-dire en fasse tradition réelle à l'enfant naturel; l'autre, si l'acceptation de l'enfant naturel est nécessaire pour que la réduction puisse avoir lieu.

Sur la première question, nous pensons qu'il faut que le père donne actuellement à son enfant naturel; une réduction faite par testament ne suffirait pas, il faut une dation réelle, parce que le motif qui a déterminé le législateur à accorder au père la faculté de réduction, a été, ainsi que l'a dit M. Siméon devant le corps législatif, l'avantage que l'enfant naturel trouve dans une *jouissance anticipée.*

Sur la seconde, nous pensons que cette réduction étant un acte de la puissance paternelle, est indépendante de la volonté de l'enfant naturel : cette réduction n'est ni un contrat ni une donation entre vifs, et conséquemment elle n'est pas subordonnée pour sa validité au consentement ou à l'acceptation de l'enfant naturel. D'ailleurs le consentement de l'enfant intervenant, cette convention prendrait la couleur d'un pacte sur une succession future formellement prohibé par le Code (art. **791**, **1130**, **1600**).

L'enfant naturel n'a d'autre droit, quand le père usant de l'art. **761**, lui a assigné une portion inférieure à la moitié de ce qui devait lui revenir, que celui de réclamer, lors de l'ouverture de la succession du père le supplément nécessaire pour parfaire cette moitié (Cour de cassation, 21 avril 1835 ; Dalloz, XXXV, 1, 225).

Il nous reste à exposer quelles sont les charges imposées à l'enfant naturel, quand il a reçu, d'après le mode que nous indiquerons au chapitre VI, délivrance de la quotité que lui attribue la loi.

On peut alors le comparer à un légataire à titre universel: aussi est-il tenu des dettes de la succession comme celui-ci, c'est-à-dire, personnellement pour sa part et portion, et hypothécairement pour le tout (art. 1012). Jamais l'enfant naturel ne peut être tenu *ultra vires*, lors même qu'il aurait négligé le bénéfice d'inventaire, parce que, ainsi que nous l'avons déjà dit, il n'est pas héritier, il n'est pas saisi, il ne représente pas la personne du défunt, mais simple successeur aux biens, dès qu'il les abandonne aux créanciers du défunt, dès qu'il ne les détient plus, il n'est plus responsable de rien envers ceux-ci.

SECTION II. *Des droits des enfants adultérins ou incestueux.*

Chez les Romains, l'adultère étant *alieni thori violatio*, ne pouvait exister que dans le fait d'une femme mariée s'oubliant avec un homme qui n'était pas le sien (fr. 6, § 1 ; fr. 34, § 1. *D. ad leg. Jul. de adult.*) ; il n'y avait pas d'adultère dans le commerce d'un *homme marié* avec une fille ou une veuve, ce n'était qu'un *stuprum* (*D. eod. Consti.* 1 *C. ad leg. Jul. de adult.*).

Le Droit canonique changeant le caractère de l'adultère, déclara tel toute violation de la foi conjugale, par conséquent le *stuprum* devint adultère, que l'on appela *simple* quand il était commis par un célibataire avec une femme mariée, ou par un homme marié avec une fille ou une veuve ; *double*, quand il avait lieu entre un homme et une femme mariés tous deux, mais non ensemble.

Aujourd'hui, l'adultère présente dans notre Droit le même caractère[1] : aussi dirons-nous qu'un enfant est adultérin quand il est né d'un père et d'une mère non mariés ensemble, mais dont l'un ou l'autre ou tous deux étaient, au moment de sa conception, engagés dans les liens du mariage.

Un enfant est incestueux quand ses père et mère sont parents ou alliés à un degré qui rend le mariage impossible. On ne pourrait plus aujourd'hui, comme autrefois, réputer incestueux l'enfant né d'une personne engagée dans un ordre religieux et liée par un vœu de chasteté.

Dans le Droit romain, non-seulement les enfants adultérins ou incestueux n'avaient aucun droit sur la succession de leurs père et mère, mais la loi leur refusait même des aliments (Nov. 89, c. 15). Plus tard le Droit canonique en accorda aux adultérins, mais à eux seuls (cap. 5, *X, de eo qui duxit ux.* 4. 7.); l'art. 13 de la loi du 12 brumaire an II leur assura, à titre d'aliments, le tiers en propriété de la portion à laquelle ils auraient eu droit s'ils fussent nés dans le mariage, et le Code civil, plus équitable, en accorda aux adultérins et aux incestueux.

Après avoir rendu hommage à la pudeur publique, en prohibant la reconnaissance scandaleuse de ces enfants (art. 331, 335), le législateur moderne a prévu qu'il pouvait arriver que le vice de leur naissance fût révélé et légalement établi[2], et a conféré dans ces cas une action en ali-

---

[1] M. Chabot (art. 762) dit à plusieurs reprises, que l'adultère et l'inceste sont des crimes. En droit, c'est inexact; l'adultère n'est qu'un *délit* ( art. 337 et 1, Code pénal, combinés), et l'inceste n'est ni un crime ni un délit.

[2] Par exemple : s'ils sont nés d'un mariage contracté de mauvaise foi entre parents au degré prohibé, et annulé par ce motif; s'ils ont été désavoués avec succès par le mari; s'ils sont issus d'un deuxième mariage contracté de mauvaise foi, avant la dissolution du premier.

Dans ces diverses hypothèses, la naissance incestueuse ou adultérine de l'enfant, devient *chose jugée*, mais jamais et dans aucun cas, leur renaissance volontaire et spontanée ne peut avoir le moindre effet légal; elle ne peut ni leur profiter, ni leur nuire.

ments à ces malheureux enfants, qui en définitif sont des créatures soumises à la loi qui commande de vivre.

La portion de ces aliments est laissée au pouvoir discrétionnaire du juge, qui doit, en ce cas, avoir égard aux facultés du père ou de la mère, au nombre et à la qualité des héritiers légitimes (art. 763), et lorsque le père ou la mère de l'enfant naturel lui a fait apprendre un art mécanique, ou lorsque l'un d'eux lui a assuré des aliments de son vivant, l'enfant ne peut élever aucune réclamation contre leur succession (art. 764).

---

## CHAPITRE II.

DE LA SUCCESSION DES PÈRE OU MÈRE AUX BIENS DE LEUR ENFANT NATUREL RECONNU, DÉCÉDÉ SANS POSTÉRITÉ.

C'est en partie un droit nouveau introduit par le Code. En Droit romain la mère était bien admise à succéder à son enfant naturel (*spurius* ou *vulgo quæsitus*), (§ 7 *Inst. de S. C. Tertul.*), mais le père jamais. C'était juste, puisque l'enfant naturel (*spurius*) n'avait, comme nous l'avons dit, aucun droit à la succession de son père.

Le Code civil ayant accordé des droits de successibilité à l'enfant naturel à l'égard de son père, son système, qui reposait en général[1] sur la réciprocité, exigeait qu'il accordât les mêmes droits au père sur la succession de l'enfant naturel.

Pour que le père ou la mère puisse exercer ces droits, il faut que l'enfant naturel soit décédé sans postérité et sans légataire universel;

[1] Nous disons *en général*, parce qu'il y a des exceptions, dans l'adoption par exemple ( art. 350 et 351 ).

alors celui des deux qui l'a reconnu prend toute la succession, ou bien ils se la partagent par moitié, si tous deux l'ont reconnu (art. 765).

Il faut, avons-nous dit, que l'enfant naturel décède sans postérité. *Quid juris,* s'il délaisse des enfants naturels? Nous pensons qu'ils n'excluront pas moins les père et mère que s'ils étaient étaient légitimes. D'abord il est plus moral de les préférer aux père et mère naturels, parce que les premiers sont innocents du vice de leur naissance, tandis que les seconds se sont volontairement créé cette position.

Ensuite la loi (art. 758) donne clairement à entendre que le bâtard prend la totalité des biens de ses père ou mère décédés, quand ceux-ci ne délaissent pas de parents légitimes au degré successible; or évidemment le père ou la mère naturels ne sont pas légitimes. Enfin, pourquoi le législateur aurait-il exigé comme condition le *décès sans postérité,* s'il n'eût pas eu en vue la postérité naturelle? Il était inutile de dire que les enfants légitimes succéderaient de préférence aux père et mère naturels, puisque toujours ils priment les ascendants même légitimes.

En disant plus haut qu'il faut que l'enfant naturel ne délaisse pas de *légataire universel,* nous avons assez donné à entendre que nous ne reconnaissons aux père et mère aucun droit de réserve sur les biens de leur enfant naturel; qu'ainsi celui-ci pourrait disposer à titre gratuit et selon son bon gré de la totalité de sa fortune, sans que ses père ou mère soient recevables à s'en plaindre et à attaquer les actes de disposition. Le droit de réserve est un privilége, il faut que la loi l'accorde expressément ou que son intention de l'accorder résulte de motifs aussi décisifs que ceux qui nous ont porté à le reconnaître au profit de l'enfant naturel. Ces motifs sont loin d'exister à l'égard des père et mère naturels, auxquels nous refusons aussi la saisine légale que des jurisconsultes leur ont accordée. Nos raisons se résument dans le syllogisme suivant : L'héritier seul a la saisine, le successeur irrégulier ne l'a jamais (art. 724) ; or, les père et mère naturels sont des successeurs irréguliers; donc cela nous paraît sans réplique.

# CHAPIRE III.

### DE LA SUCCESSION DES FRÈRES OU SOEURS NATURELS.

En cas de prédécès des père et mère de l'enfant naturel, la succession de ce dernier est dévolue à ses frères naturels, ou à leurs descendants, de préférence à son conjoint et à ses frères ou sœurs légitimes. Ceux-ci (et leurs descendants) n'ont d'autre droit que celui de reprendre, s'ils se retrouvent en nature dans la succession les biens donnés à leur frère naturel par ses père et mère, ainsi que les actions en reprise, s'il en existe, ou le prix de ces biens aliénés, s'il en est encore dû (art. 766).

Du reste, à défaut de frères naturels, la succession serait dévolue au conjoint survivant de préférence aux frères ou sœurs légitimes, car il ne saurait y avoir entre ceux-ci et leur frère naturel aucun droit de successibilité; aux yeux de la loi ils ne sont pas parents, ils ne sont pas membres de la même famille.

———

# CHAPITRE IV.

### DES DROITS DU CONJOINT SURVIVANT.

Lorsque le défunt ne laisse ni parents légitimes au degré successible, ni père ni mère, ni enfants ni frères naturels, ni légataire universel, ou lorsque toutes ces personnes ont renoncé ou sont déclarées indignes, les biens de sa succession, s'il est marié, appartiennent au conjoint non divorcé qui lui survit (art. 767).

Cette succession irrégulière nous vient du Droit romain, où elle fut introduite par le préteur et consacrée plus tard par les empereurs (*Consti. uni. C. unde vir et uxor*).

Est-il vrai, comme on l'a dit, qu'elle repose sur l'affection présumée du défunt? Si le Code, comme nous l'avons entendu répéter souvent, a pris pour base, en matière de succession et pour en régler la transmission, l'affection présumée du défunt, observons en passant qu'il aurait pu donner au conjoint survivant une meilleure place dans l'échelle des héritiers. Il n'est pas exact d'avoir présumé, en général, plus d'affection au défunt pour tel arrière-petit-cousin du douzième degré qu'il ne connaissait sans doute pas, que pour son conjoint auquel l'a uni un attachement de cœur. S'il est vrai que l'affection présumée du défunt a été le régulateur des droits de successibilité, le conjoint survivant aurait dû être placé non pas après les collatéraux du douzième degré, mais immédiatement après les parents de la ligne directe.

Le conjoint survivant n'a droit à cette succession qu'autant que le mariage a duré jusqu'à la mort du prédécédé. D'où il suit :

1° Que le divorce mettant fin au mariage, prive le survivant de tout droit de successibilité, sans qu'il y ait lieu de distinguer si le divorce a été ou n'a pas été prononcé contre le survivant[1].

2° Que la séparation de corps laissant subsister le lien du mariage, n'est pas un obstacle à ce que le conjoint survivant réclame, le cas échéant, la succession de son époux. L'exclusion du droit de succéder serait dans ce cas *une peine;* or il est de jurisprudence constante aujourd'hui que les dispositions pénales du titre du divorce ne sont point

---

[1] Le divorce a été aboli par la loi du 8 mai 1816 ; mais sous ce rapport, l'art. 767 peut longtemps encore recevoir son application.

applicables au cas de simple séparation de corps. D'ailleurs, en excluant le conjoint survivant pour cause de séparation de corps, on arriverait au résultat suivant : Ou on refuserait la succession à l'époux innocent, et ce serait injuste; ou l'on n'admettrait que cet époux à la succession, et ce serait déroger au principe de la réciprocité.

Le Code civil ne reconnaît plus la succession irrégulière consacrée par la novelle 117, c. 5, et connue dans l'ancien Droit français sous le nom de *quarte du conjoint pauvre.*

## CHAPITRE V.

### DES DROITS DE L'ÉTAT.

*Fiscus post omnes.* Ainsi à défaut des héritiers légitimes et successeurs irréguliers dont il a été fait mention ci-dessus, c'est-à dire, en cas de déshérence, l'État recueille les biens délaissés par le défunt. Cette succession n'est qu'une conséquence des art. 539 et 713 du Code, qui déclarent que les biens vacants et sans maître appartiennent au domaine public.

Il ne faut pas confondre une succession *en déshérence* avec une succession *vacante;* la régie des domaines a établi la différence dans une circulaire approuvée le 8 juillet 1806, par le ministre de la justice. Une succession est *en déshérence,* quand elle est délaissée par un mort civilement qui décède naturellement (art. 33), ou lorsqu'il est constaté qu'un défunt ne laisse ni héritiers légitimes, ni successeurs irréguliers.

Au contraire une succession est *vacante,* lorsqu'après l'expiration des délais pour faire inventaire et délibérer, il ne se présente personne qui la réclame, qu'il n'y a pas d'héritier connu, ou que les héritiers connus y ont renoncé (art. 811).

4.

Ainsi une succession en déshérence est toujours vacante, mais non *vice versa*. Une succession peut bien être vacante, sans pour cela être en déshérence, c'est-à-dire, il peut se trouver telle personne qui y ait droit, sans se présenter pour la réclamer, attendant peut-être pour le faire, le résultat de la mission confiée au curateur à la succession vacante.

---

## CHAPITRE VI.

### DE L'ENVOI EN POSSESSION DES SUCCESSEURS IRRÉGULIERS.

L'enfant naturel en concours avec des héritiers réguliers, doit leur demander délivrance de sa portion. A défaut d'héritiers réguliers, il est soumis à la nécessité de remplir les formalités imposées à tous les autres successeurs irréguliers, et qui sont les suivantes (art. 773) :

### ART. I. *Des formalités de l'envoi.*

Les successeurs irréguliers doivent :

1° Faire apposer les scellés;

2° Faire faire inventaire dans les formes prescrites pour l'acceptation des successions sous bénéfice d'inventaire (art. 769).

3° Demander l'envoi en possession au tribunal de première instance du domicile du défunt (art. 110 comb. avec l'art. 770), lequel ne doit ordonner l'envoi en possession que sur les conclusions du procureur du roi, ce curateur né de toutes les personnes présumées absentes, (art. 114), et après le délai d'un an à partir de la demande qui doit être insérée au *Moniteur,* et affichée de trois en trois mois dans le ressort du tribunal du lieu où la succession s'est ouverte (art. 770, et circulaire du ministre de la justice du 8 juillet 1806). Voilà pour la publicité.

L'accomplissement de ces formalités avertira les héritiers réguliers, s'il en existe, de l'ouverture de la succession ; mais il est une autre garantie à laquelle sont astreints les successeurs irréguliers, l'État excepté[1]. Ils doivent faire emploi du mobilier ou donner caution suffisante, pour en assurer la restitution, au cas où il se présenterait des parents légitimes du défunt. Après le délai de trois ans, cette caution est déchargée (art. 771). Faute, par les successeurs irréguliers, de remplir les formalités qui leur sont respectivement prescrites, ils seraient passibles de dommages-intérêts envers les héritiers réguliers, s'il s'en présentait (art. 772).

Art. II. Des effets de l'envoi en possession.

Quelle est l'étendue du droit conféré au successeur irrégulier par l'envoi en possession ? Est-ce un droit de propriété absolue en vertu duquel il puisse aliéner les biens de la succession ?

L'art. 771 donne clairement à entendre que dans les trois premières années, à dater de l'envoi en possession, le successeur irrégulier ne peut nullement disposer du mobilier ; la caution fournie à ce sujet est responsable pendant ce temps. Est-ce à dire qu'à l'expiration de ces trois années l'envoyé en possession a acquis la propriété incommutable et n'est plus tenu à restitution envers l'héritier qui se présenterait après trois ans ? Cela semble résulter de l'art. 771, mais c'est un vice évident de rédaction ; ce terme de trois ans n'a été assigné qu'à la responsabilité de la caution et nullement à la déchéance de l'héritier régulier, auquel le successeur irrégulier devra restituer la succession, jusqu'à ce que la prescription trentenaire lui ait assuré la propriété.

Quant aux immeubles, la propriété n'en est acquise irrévocablement, comme celle des meubles, qu'après la prescription de la pétition d'hérédité ; de sorte que si le successeur irrégulier aliénait ces im-

___

[1] Une loi du 21 février 1827 l'en dispense (*fiscus semper est solvendo*).

meubles à des tiers, ceux-ci n'en deviendraient propriétaires incommutables que par l'usucapion trentenaire, ou par celle de dix et vingt ans, s'ils avaient juste titre et bonne foi. L'envoi en possession ne donne au successeur irrégulier, comme à l'envoyé en possession des biens d'un absent (art. 128), qu'un droit de propriété éventuel subordonné à l'apparition d'héritiers réguliers, lesquels peuvent réclamer l'hérédité pendant trente ans (art. 789, 2262 du Code civil).

Relativement aux obligations des envoyés en possession, si plus tard des héritiers réguliers venaient à se présenter, il faut distinguer entre les possesseurs de bonne foi et les possesseurs de mauvaise foi.

Les premiers sont ceux qui ont scrupuleusement rempli les formalités prescrites par les art. 769 à 771; les seconds ceux qui les ont négligées. Les uns et les autres ne doivent pas être traités de la même manière :

Relativement aux fruits, les successeurs irréguliers de bonne foi ne doivent les restituer que du moment où leur bonne foi a cessé (art. 138 et 549 du Code civil), c'est-à-dire dès l'instant où ils ont appris l'existence d'héritiers au détriment desquels ils s'étaient mis en possession. Les successeurs de mauvaise foi doivent, au contraire, tous les fruits qu'ils ont perçus, et même ceux qu'ils auraient pu percevoir.

Il faut suivre la même règle pour ce qui est relatif aux pertes et aux dégradations que peuvent avoir éprouvées les biens, quand ils sont restitués aux héritiers réguliers.

Enfin, il en est de même quant aux impenses et réparations. Le successeur irrégulier de bonne foi peut répéter le prix de celles qu'il a faites, nécessaires ou utiles, peu importe : le successeur de mauvaise foi peut bien réclamer le remboursement des dépenses nécessaires, mais il ne peut répéter les dépenses utiles que jusqu'à concurrence de la plus value des biens dont il était en possession.

# JUS ROMANUM.

Dixi supra, sane non sine causà, successionem directam seu ordinariam esse (*succession régulière*) quæ ab intestato legitimis defuncti parentibus defertur. Obliqua idcirco seu extraordinaria (*succession irrégulière*) est successio quævis ad quam ab intestato admittitur quivis defuncti non legitimus parens. Ex eo fluit in obliquis successionibus adnumerandas esse :

1° *Successionem mutuam matris et spurii.* Quemadmodum mater ad bona spurii ex Senatus-Consulto Tertulliano, sic et spurius ad matris hereditatem ex Senatus-Consulto Orphitiano admittitur. (Inst. § 7, de S. C. Tertul.; § 3, de S. C. Orphit.)

2° *Successionem libertorum.* Licebat olim liberto patronum suum impunè testamento præterire, et ex lege XII Tab. ad liberti hereditatem vocabatur patronus, ità demum si intestatus mortuus esset libertus, nullo suo herede relicto. Hoc jus emendavit Justinianus, ut videre est in Inst. ad. tit. de succes. libert.

3° *Bonorum possessionem : undè vir et uxor.* Cautum est postea Const. uni. C. h. T. ut maritus et uxor ab intestato invicem sibi in solidum succedant, quoties deficit omnis parentum, liberorumve, seu propinquorum legitima successio, fisco excluso.

4° *Successionem patris emancipatoris.* Constitutum est ab Impert. Theod. et Valent. ut si vivà matre emancipati sint filii et postea decesserit mater, virilem usufructus portionem accipiat pater, sive unus, sive plures sint filii. (Const. 3, c. de bonis maternis).

5° *Successionem conjugis pauperis,* cui locus est cum matrimonium est sine dote, conjunx præmoriens locuples, et superstes laborat inopiâ. Tunc succedit hic unà cum liberis communibus in quartam si tres,sunt; vel pauciores, et in virilem portionem, si plures sunt. (Nov. 117, C. 5).

6° *Successionem ex rescripto divi Marci ad Popilium Rufum,* seu addictionem bonorum libertatium conservandarum causâ. Audiuntur, si velint sibi bona addici, qui libertatem acceperunt a domino in testamento ex quo non aditur hereditas dum idoneò creditoribus caveant. (Inst. de eo cui libert. caus.).

7° *Successiones sublatas* quæ fiebant per bonorum venditionem et ex S. C. Claudiano. (Inst. de succes. sub).

8° *Successio curatoris furiosi.* Si quis extraneus furiosum viderit a suis neglictum liberis vel cognatis, aut aliis ab eo scriptis heredibus et in suam domum furiosum susceptum sumptibus propiis usque ad finem vitæ ipsius procurasse monstratus fuerit; ad ejus perveniet successionem, evacuatis legitimis et testamentariis heredibus qui furioso curam præbere neglexerint (Nov. 115, c. 3, § 12).

9° *Successio ecclesiæ civitatis captivi,* in captivitate demortui, cujus liberi seu cognati redemptionem neglexerint, lege eis denegatur successio quæ defertur ecclesiæ civitatis, expendenda scilicet in captivorum redemptionem (Nov. 115, c. 3, § 13). V. n° 10.

10° Denique *successionem fisci.* Quod si neque cognati ulli, neque vir aut uxor, neque superior addictio bonorum erit, placet præter hos nullos esse heredes, sed bona fieri vacantia; quo nomine jure publico ad extremum deferuntur fisco (Const. 1-4. c. de bonis vacant.). Quod tamen non est perpetuum; sunt enim personæ quædam certis corporibus publicis adscriptæ, quæ si sine alio herede decesserint, placet eorum hereditatem non ad fiscum, sed ad corpora quorum pars erant, redire. Tales sunt:

1° Decuriones (Const. 4, c. de hered. decuri.);

2° Navicularii (Const. d. eod.);

3° Cohortoles (Const. 2 et 3 eod.);

4° Fabricenses (Const. 5 eod.);

5° Ecclesiastici (Const. 20, c. de episc.);

6° Placuit tandem Constantino ut si quis ex his quibus communiter a principe aliquid donatum sit, nullo herede relicto, decesserit, ad consortem potius quam ad fiscum pars decedentis perveniat.

(Const. uni., c. si liberal. imper.).

# DROIT COMMERCIAL.

## DU BILLET A ORDRE.

(Code de commerce, liv. Ier, tit. VIII, section 2.)

*Strasbourg, le.............*
*A un mois de date, je payerai à N, ou à son ordre, la somme de mille francs,*
*valeur reçue en marchandises.*

*(Signature.)*

C'est ainsi que l'on rédige le plus habituellement la promesse appelée *billet à ordre*, et qu'il faut se garder de confondre soit avec la lettre de change, soit avec le mandat (appelé aussi *délégation, assignation, rescription*), soit avec le billet à domicile, soit avec le billet au porteur, soit enfin avec le simple billet.

On peut définir le billet à ordre, un contrat unilatéral par lequel on s'oblige à payer à telle époque, une certaine somme déterminée au créancier dénommé ou à quiconque sera devenu par endossement, cessionnaire du billet.

Le billet à ordre n'est pas, par lui-même, comme la lettre de change, un acte essentiellement commercial; il ne revêt cette qualité que lorsqu'il émane d'un commerçant, ou lorsqu'il a pour cause une opération commerciale (art. 636, 637 du Code de commerce); alors il jouit des priviléges attachés à la lettre de change.

Nous allons nous borner à énumérer, en les accompagnant de courtes réflexions, les conditions constitutives de l'existence et de la validité du billet à ordre. Il doit être :

1° *Signé* par le débiteur. Cela suffit quand ce débiteur est un commerçant, c'est-à-dire, quand il exerce des actes de commerce et en fait sa profession habituelle ( art. 1ᵉʳ du Code de commerce ). La simple signature est suffisante encore quand le débiteur est artisan, laboureur, vigneron, journalier ou manœuvre (art. 1326 du Code civil). Mais dans tout autre cas, il faut, ou que le billet soit écrit en entier de la main de l'obligé, ou du moins qu'outre sa signature, celui-ci ait écrit de sa main un *bon* ou *approuvé*, portant en toutes lettres la somme ou la quantité de la chose due (art. 1326).

2° *Daté.* En thèse générale, le défaut de date n'annule pas une obligation ; mais quand la loi a exigé la date comme élément essentiel d'un acte, son omission rend cet acte nul ou du moins modifie les effets qu'il devait produire. Ainsi, une lettre de change non datée est nulle comme telle, elle n'a plus que l'effet d'une simple promesse.

Il en est de même du billet à ordre.

La date ne doit être que l'indication du jour et non celle du lieu où le billet a été souscrit; et cette date ne fait foi que jusqu'à preuve contraire, car, bien que l'art. 139 édicte la peine de faux contre l'antidate des ordres, le billet à ordre n'est cependant pas un acte authentique dont la date puisse faire foi jusqu'à inscription de faux :

Le billet à ordre doit de plus énoncer :

3° *La somme à payer,* en chiffres ou en lettres, peu importe, bien

5.

que la prudence commande et que le commerce soit dans l'usage d'écrire la somme en toutes lettres, afin de prévenir l'altération beaucoup plus facile des chiffres. Relativement à l'erreur dans l'énonciation de la somme, il est à remarquer :

Qu'elle ne peut être opposée par le souscripteur aux endosseurs, si le billet porte une somme plus forte que celle qui est réellement due. Le souscripteur ne peut agir que contre celui à l'ordre duquel il l'a souscrit, comme s'il lui avait payé d'avance *ultra debitum*.

Que lorsque le billet à ordre est souscrit par une personne dont la loi exige, outre la signature un *bon* ou *approuvé*, si la somme exprimée au corps de l'acte est différente de celle exprimée au *bon*, l'obligation est présumée n'être que de la somme moindre, sauf la preuve de l'erreur (1327 du Code civil).

4° *Le nom de celui à l'ordre de qui le billet est souscrit.* A cet égard il suffit d'éviter l'ambiguité. Les mots *à l'ordre* ne sont pas sacramentels; on peut leur en substituer d'autres, pourvu qu'ils expriment clairement l'intention des contractants de rendre le billet transmissible par la voie de l'endossement.

5° *L'époque à laquelle le payement doit s'effectuer.* Un billet à ordre peut être payable:

A jour fixe ;

A vue, c'est-à-dire à présentation ;

A un ou à plusieurs jours de date ou de vue ;

A un ou plusieurs mois, *idem ;*

A une ou plusieurs usances (30 jours), *idem ;*

En foire.

6° *La valeur fournie,* soit en espèces, soit en marchandises, soit en compte, soit de toute autre manière, comme par exemple, pour règlement du prix d'une vente d'immeubles, etc.

Telles sont les énonciations constitutives du billet à ordre; il est de plus soumis à plusieurs dispositions relatives aux lettres de change et concernant :

*a. L'échéance,* c'est-à-dire l'époque à laquelle le payement doit s'effectuer;

*b. L'endossement,* qui est *régulier* ou *irrégulier.* L'endossement régulier est l'acte de cession écrit au dos du billet, et par lequel on en transmet la propriété, avec garantie de payement à l'échéance. Pour être régulier, l'endossement doit énoncer :

*a.* La date,

*b.* La valeur fournie,

*c.* Et le nom du cessionnaire (art. 137 du Code de commerce).

L'endossement irrégulier est celui qui ne réunit pas les énonciations que nous venons d'indiquer.

Il n'a pas les effets d'un transport; il ne vaut que comme procuration de toucher le montant du billet (art. 138.)

3° La *solidarité,* en vertu de laquelle sont tenus de plein droit au payement envers le porteur, si celui-ci a eu soin de faire protester et de donner assignation en temps utile (art. 164, 165 du Code de commerce), tous ceux qui ont signé, cautionné ou endossé un billet à ordre (art. 140).

4° L'*aval* ou cautionnement solidaire de tout ou partie de l'engagement du souscripteur ou de l'endosseur d'un billet à ordre. L'aval peut être donné sur le billet même ou par acte séparé (art. 141 et 142 du Code de commerce).

5° Le *payement,* qui doit être effectué dans la monnaie indiquée par le billet à ordre; qui, fait avant terme, reste, quant à sa validité, aux risques de celui qui a payé; qui ne peut être fait avant l'échéance contre le gré du porteur, et pour lequel enfin les juges ne peuvent accorder aucun délai (art. 143 à 157 du Code de commerce).

6° Le *payement par intervention,* consistant dans le fait de toute personne, autre que le souscripteur, qui, après protêt du billet, en paye le montant au porteur, soit au nom du souscripteur (et alors tous les endosseurs sont libérés), soit au nom de l'un des endosseurs (et alors seulement les endosseurs subséquents sont libérés). Celui qui paye un billet à ordre par intervention, est subrogé à tous les droits du porteur, et tenu des mêmes devoirs que lui relativement aux formalités à remplir (art. 158 et 159 du Code de commerce).

7° Le *protêt*, qui est l'acte dressé par notaire ou huissier, à la requête du porteur du billet, dès le lendemain de l'échéance, pour constater le refus total ou partiel de payement fait par le souscripteur (art. 173 et 176).

8° Les *droits et devoirs du porteur*, qui consistent notamment à exiger le payement dans un certain délai fixé d'après les distances et la difficulté des communications (art. 160); à faire protester, moyennant quoi il peut exercer son action en garantie, ou individuellement contre le souscripteur et chacun des endosseurs, ou collectivement contre les endosseurs et le souscripteur; à charge et sous peine de déchéance, s'il exerce individuellement le recours contre son cédant, de lui notifier le protêt, et, à défaut de remboursement, de le citer en jugement dans les délais fixés d'après les distances par les art. 165 et 166 du Code de commerce).

9° Le *rechange*, qui s'effectue par une retraite ou lettre de change accompagnée d'un compte de retour certifiée par un agent de change ou deux commerçants, au moyen de laquelle le porteur non payé se rembourse sur le souscripteur ou sur l'un des endosseurs, et du principal du billet protesté et de ses frais et du nouveau change qu'il paye (art. 177-186 du Code de commerce).

10° La *prescription*, qui éteint les actions relatives aux billets à ordre. Elle est trentenaire quand le billet a été souscrit par un non-commerçant ou pour une opération qui n'est pas commerciale; au contraire, elle n'est que quinquennale quand le billet à ordre est commercial, c'est-à-dire souscrit par un commerçant ou pour fait de commerce. Ces cinq années courent à compter du jour du protêt ou de la dernière poursuite juridique, s'il n'y a eu condamnation ou si la dette n'a été reconnue par acte séparé.

Néanmoins les prétendus débiteurs sont tenus, s'ils en sont requis, d'affirmer, sous serment, qu'ils ne doivent plus le montant du billet, et leur veuve, héritiers ou ayant-cause, qu'ils estiment de bonne foi qu'il n'est plus rien dû (art. 189 du Code de commerce).

# PROCÉDURE CIVILE.

## DE LA REQUÊTE CIVILE.

(Première partie, liv. IV, tit. II.)

En procédure romaine, on ne pouvait appeler ni de la sentence du prince, ni de celle du sénat (*fr.* 1, *D. a quibus appel. non licet*) : La décision du préfet du prétoire, sujette d'abord à l'appel, participa ensuite à cette prérogative; les empereurs voulurent qu'elle fût rendue en dernier ressort (*fr. uni.*, § 1, *D. de officio præf. præt.*). Toutefois Dioclétien et Maximien accordèrent au plaideur qui se croirait lésé par cette sentence, *licentiam non provocandi sed supplicandi,* c'est-à-dire, la faculté de demander au préfet lui-même la révision du procès, et cela pendant deux années, à dater de la cessation de sa magistrature (*Consti. uni. C. de sententiis præfect. præt.*). « *Sancimus*, dit plus tard Justinien, dans sa novelle (119, ch. 5) : « *quoties..... unus* « *forsan litigantium putaverit se gravari, habere eum licentiam peti-* « *tionem offerre gloriosissimis Præfectis qui sentbentiam protulerunt, in-* « *tra decem dierum inducias post prolatam sententiam.* »

Ce mode de procéder se reproduit dans l'ancienne procédure française; les arrêts du parlement étaient rendus en dernier ressort, mais ils étaient susceptibles d'être réformés au moyen de la *supplique en révision* adressée soit au Roi, soit au parlement même.

C'est là l'origine de la requête civile; elle est très-ancienne en France; les ordonnances de Moulins et de Blois (en 1563 et 1579), en parlent déjà, et la matière a été réglée par l'ordonnance de 1667, dont le Code de procédure a admis en grande partie les principes.

Nous définirons la requête civile : une voie extraordinaire par laquelle un plaideur qui se croit lésé par un jugement non susceptible d'être réformé par les voies ordinaires, prie respectueusement le juge même qui l'a rendu, de le rétracter pour une des causes déterminées par la loi.

§ 1. Des ouvertures à la requête civile.

Les art. 480 et 481 du Code de procédure en contiennent l'énumération; elles sont exclusives de tout reproche d'ignorance ou de partialité de la part du juge ; la requête civile est admissible :

1° S'il y a eu dol personnel; il faut que le dol soit l'œuvre de la partie adverse ou de son défenseur (arg. 1384 du Code civil) et non celle d'un tiers, il faut que les manœuvres pratiquées par cette partie, soient telles que, sans ces manœuvres, l'autre partie n'aurait pas succombé. Ce dol ne se présume pas et doit être prouvé (art. 1116 du Code civil).

2° Si les formes prescrites à peine de nullité ont été violées soit avant, soit lors des jugements, pourvu que la nullité n'ait pas été cou-

6

verte par les parties. Il s'agit ici de ces vices de formes ou nullités de procédure provenant du fait des parties, et non des nullités de forme provenant du fait des juges (par exemple le prononcé du jugement ailleurs qu'à l'audience), lesquelles doivent être réformées par voie de cassation. (Cour de cassation, 19 décembre 1831; Dalloz, XXXI, 1, 14).

3° S'il a été prononcé sur des choses non demandées; par exemple, si le tribunal a adjugé des intérêts à celui qui ne demandait que le capital.

4° S'il a été adjugé plus qu'il n'a été demandé ( *ultra petita* ); par exemple, si le juge accorde la propriété à celui qui ne demandait que l'usufruit.

5° S'il a été omis de prononcer sur l'un des chefs de demande; il faut distinguer ici entre les conclusions du demandeur et celles du défendeur, entre les chefs de demande et les exceptions ou moyens de défense. Si le juge omet de statuer sur un chef de demande, il y a lieu à requête civile; si l'omission porte au contraire sur une exception du défendeur, c'est le cas du recours en cassation, car alors il y a défaut de motifs, violation du droit de la défense.

6° S'il y a contrariété de jugements en dernier ressort entre les mêmes parties et sur les mêmes moyens, dans les mêmes cours ou tribunaux. Pour qu'il y ait contrariété de jugements, ces différentes conditions doivent toutes concourir; et cette contrariété, si les jugements émanaient de tribunaux *différents,* serait une ouverture à cassation et non à requête civile (art. 504 du Code de procédure).

7° Si dans un même jugement il y a des dispositions contraires. Il faut que la contrariété porte sur le dispositif et non sur les motifs du jugement.

8° Si dans les cas où la loi exige la communication au ministère public, cette communication n'a pas eu lieu, et que le jugement ait été rendu contre celui pour qui elle était ordonnée.

9° Si l'on a jugé sur pièces reconnues ou déclarées fausses depuis le jugement. L'ordonnance de 1667 était muette sur l'époque de la découverte du faux et sur la manière de le constater. Le Code, au contraire, veut d'une part que la découverte ait eu lieu *depuis le jugement*, et de plus que le fait du faux ait été *reconnu ou déclaré*, ce qui ne peut s'entendre que d'un aveu de la partie ou d'une déclaration de la justice (Charles X contre le comte de Pfaffenhoffen. Cour de cassation, 2 mai 1837).

10° Si depuis le jugement il a été recouvré des pièces décisives et qui avaient été retenues par le fait de la partie. On ne serait pas recevable à fonder un moyen de requête civile sur la rétention d'une pièce dont on a négligé de demander la communication, que l'on peut toujours respectivement demander (art. 188 du Code de procédure; Cour de cassation, 20 nov. 1832; Dalloz, XXXII, 1, 58).

11° Si l'État, les communes, les établissements publics et les mineurs n'ont pas été défendus, ou ne l'ont pas été valablement.



Elle consiste dans un écrit respectueux (requête civile, c'est-à-dire polie), que l'on remet au même tribunal qui a rendu le jugement attaqué (art. 490 du Code de procédure) en y joignant :

1° La quittance du receveur de l'enregistrement, constatant la consignation d'une somme de 300 fr. pour amende et 150 fr. pour les dommages-intérêts de la partie; de la moitié de ces sommes, si le jugement est par défaut ou par forclusion, et du quart, s'il s'agit de jugements rendus par les tribunaux de première instance (art. 494 du Code de procédure).

2° Une consultation indiquant les ouvertures de requête civile et délibérée par trois avocats exerçant depuis dix ans au moins près d'un des tribunaux du ressort de la Cour royale dans lequel le jugement a été rendu (art. 495 du Code de procédure). Ces deux conditions sont indispensables, excepté pour l'État.

L'instance sur la requête civile est ensuite liée avec la partie adverse de la manière suivante :

Si la requête est formée incidemment, on la lie par acte d'avoué à avoué (art. 493).

Si elle est formée par action principale, il faut distinguer : ou bien elle l'est dans les six mois de la date du jugement; dans ce cas on doit la signifier par assignation au domicile de l'avoué de cette partie adverse, lequel est alors constitué de droit et sans nouveau pouvoir (art. 492, 496 du Code de procédure); ou bien elle est formée après ce délai de six mois, et alors l'assignation doit être donnée au domicile même de la partie adverse.

Le délai pour former la requête civile et la signifier avec assignation, est de trois mois, à dater du jour de la signification à personne ou domicile, du jugement attaqué (art. 483).

Ce délai reçoit extension dans les cas suivants :

1° Les trois mois ne courent contre le mineur que du jour de la signification du jugement, faite depuis sa majorité, à personne ou domicile (art. 484).

2° L'absent *rei publicæ causâ* a, pour former requête civile, outre le délai ordinaire de trois mois depuis la signification du jugement, le délai d'une année (art. 485).

3° Ceux qui demeurent hors de la France continentale ont, outre le délai de trois mois, savoir :

Deux mois, s'ils habitent la Corse, l'île d'Elbe ou de Capraja, l'Angleterre ou les États limitrophes de la France;

Quatre mois, s'ils demeurent dans les autres États de l'Europe;

Six mois, s'ils résident hors d'Europe et en deçà du cap de Bonne-Espérance;

Un an, s'ils se trouvent au delà (art. 486 et 73 du Code de procédure).

4° Si la requête civile est formée pour cause de faux, dol, ou découverte de pièces décisives retenues, ces délais ne courent que du

9 782019 997090